Paulo Tadeu
Franco Medina

CORAÇÃO DE Mãe

Um coração que bate por dois

editoraurbana

© 2012 - Franco Medina e Paulo Tadeu
Direitos em língua portuguesa para o Brasil:
Editora Urbana Ltda. - Tel. 11 3868-2863

*Capa:*
Daniela Vasques

*Diagramação:*
Priscilla Andrade
Daniela Vasques

*Revisão:*
Adriana Parra

Dados Internacionais de Catalogação na Publicação (CIP)
SINDICATO NACIONAL DOS EDITORES DE LIVROS, RJ.

Medina, Franco
Coração de mãe : um coração que bate por dois / Franco Medina e Paulo Tadeu. - São Paulo : Urbana, 2012.

1. Mães - Citações, máximas, etc. 2. Amor - Citações, máximas, etc. I. Tadeu, Paulo. II. Título.

12-0827.	CDD: 808.88
CDU: 82-84

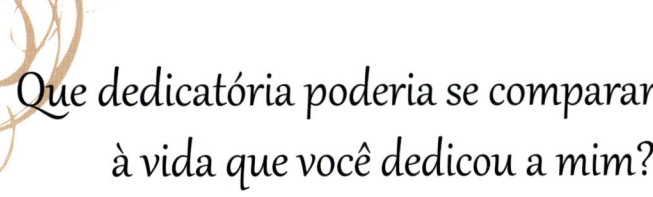

Que dedicatória poderia se comparar à vida que você dedicou a mim?

Você já pensou que, para ser mãe,
uma mãe começa com dois corações?

O dela batendo forte no peito e um outro batendo baixinho, ganhando força para um dia bater sozinho.

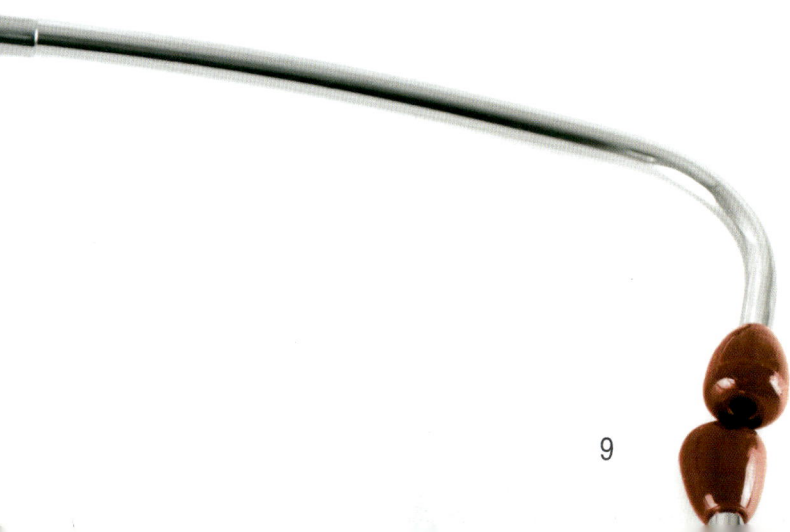

E, por mais que esse seja um coração como outro qualquer, no exato momento em que uma mulher vira mãe, ele fica diferente.

Fica enorme sem mudar de tamanho.

Como um sol que aquece sua vida sem queimar.

Parece até que no peito está bordado que
dentro desse coração bate mais um coração.

Dizem que coração
de mãe é diferente.
Que bate diferente.

E que por bater diferente funciona de um jeito diferente dos outros corações.

Coração de mãe não faz tum-tum.
Sussurra canções para você dormir.

Coração de mãe conversa, ensina.

Coração de mãe adivinha.
Sem precisar de cartas, de búzios ou tarô.

Coração de mãe sabe tudo: o que não está nos livros e o que ninguém ensinou.

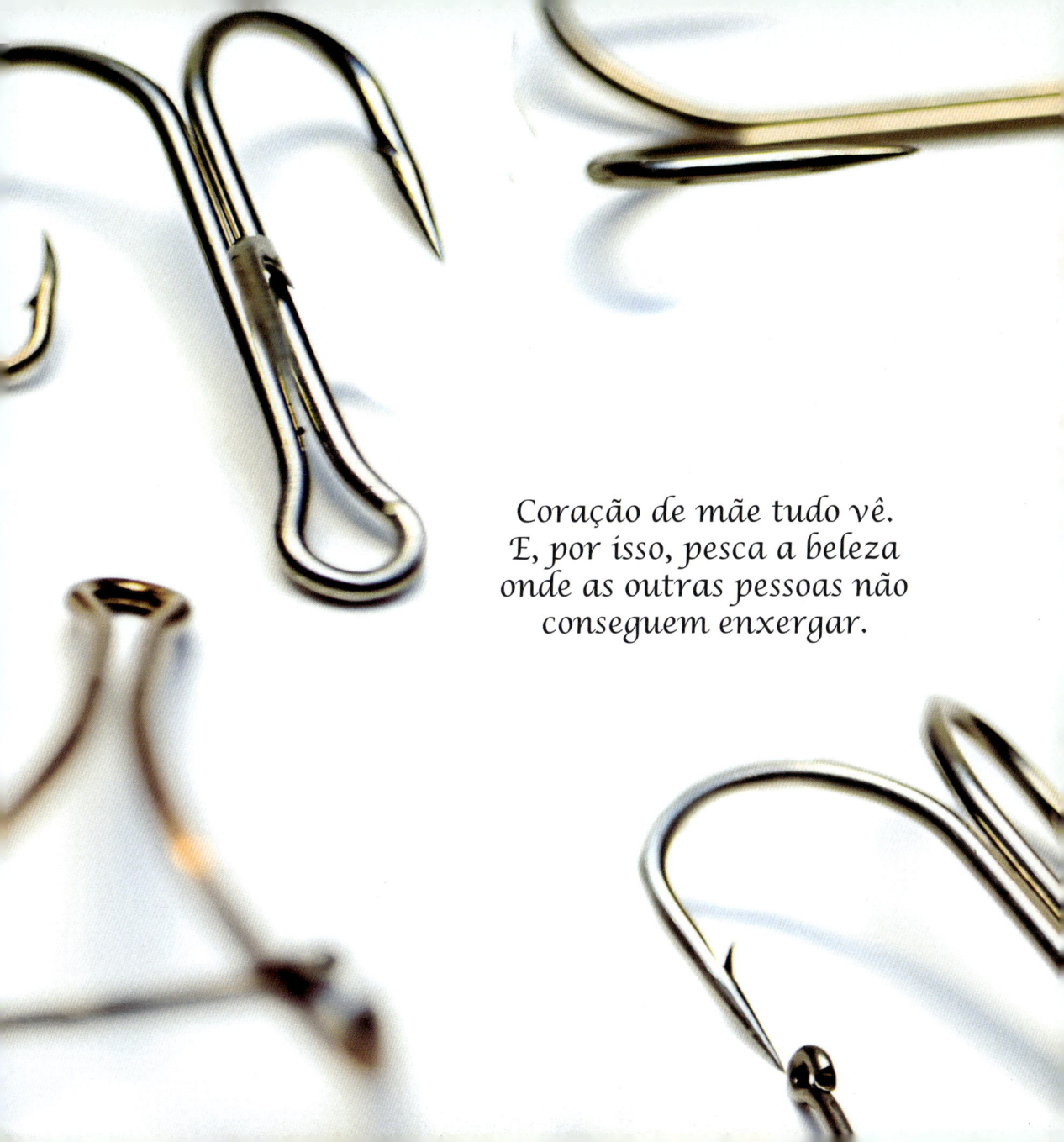

Coração de mãe não esconde o que sente.
Ele fala alto para quem quiser ouvir.

Coração de mãe escuta o que
nenhum ouvido é capaz de escutar.

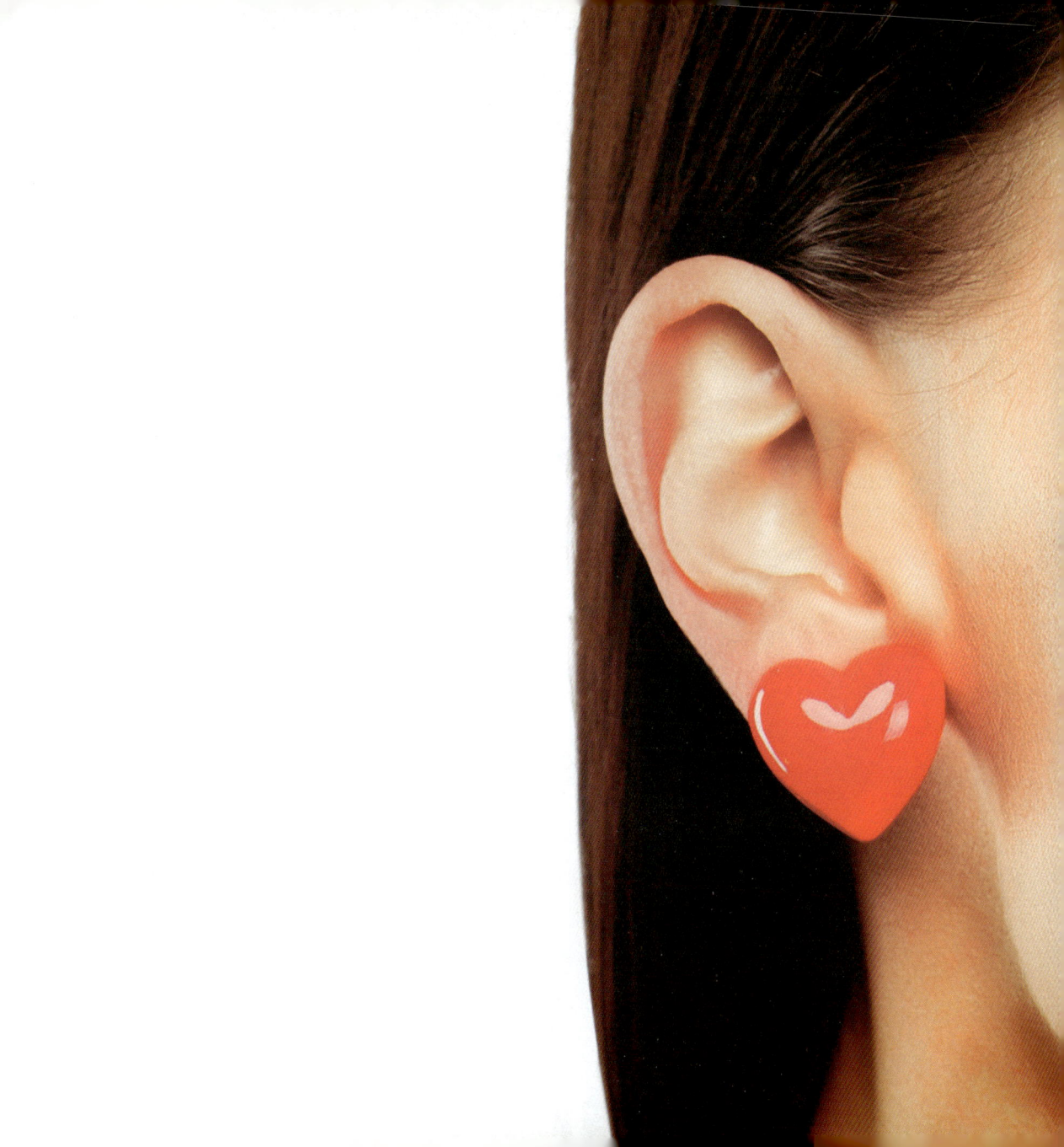

E descobre a beleza que nasce em cada detalhe.

Coração de mãe
trabalha dobrado.

Por ela e por você.

É capaz de fazer chover...

...e parar de chover na sua vida.

É ele que prova para você
que algumas coisas podem ser gostosas.

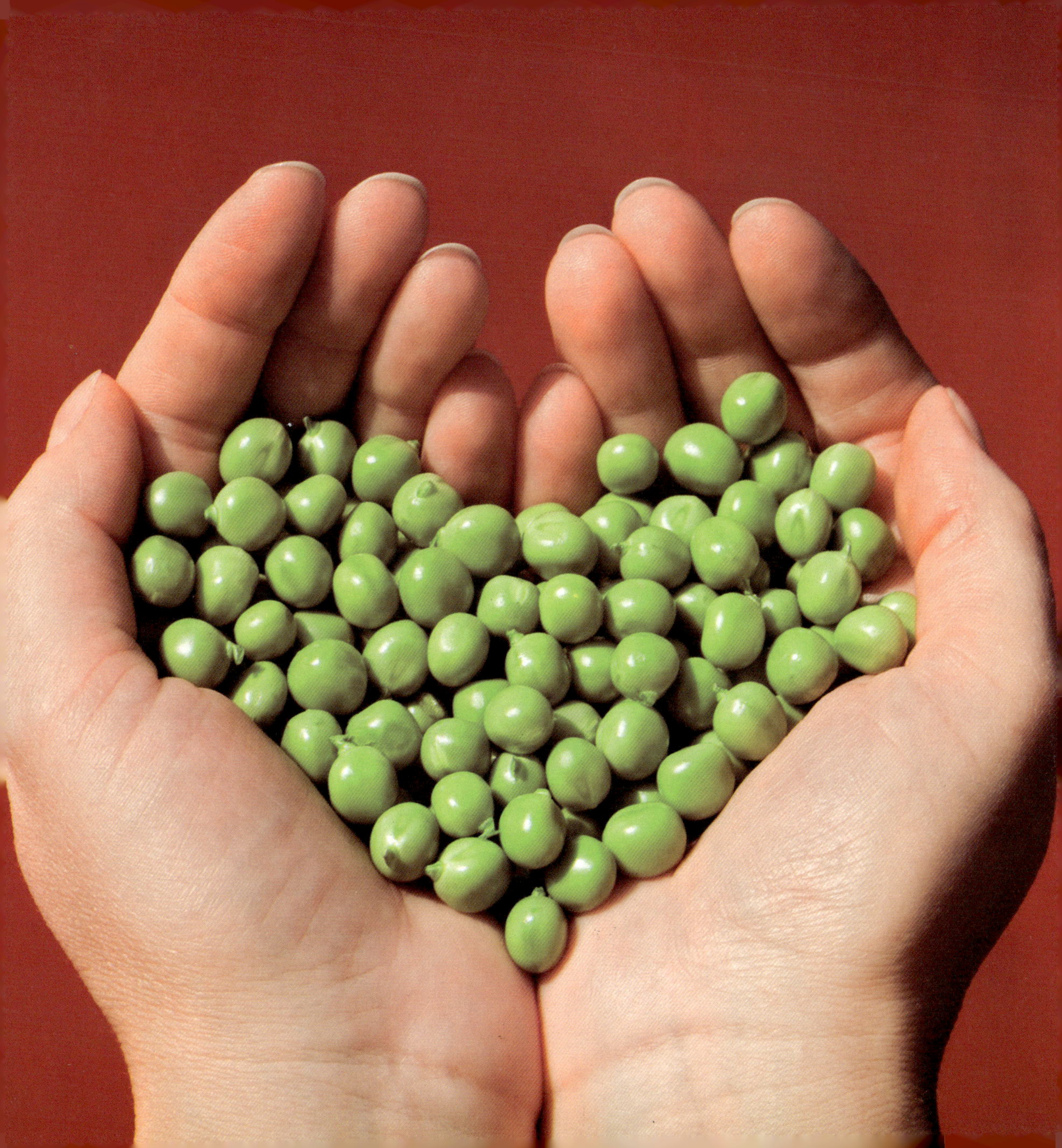

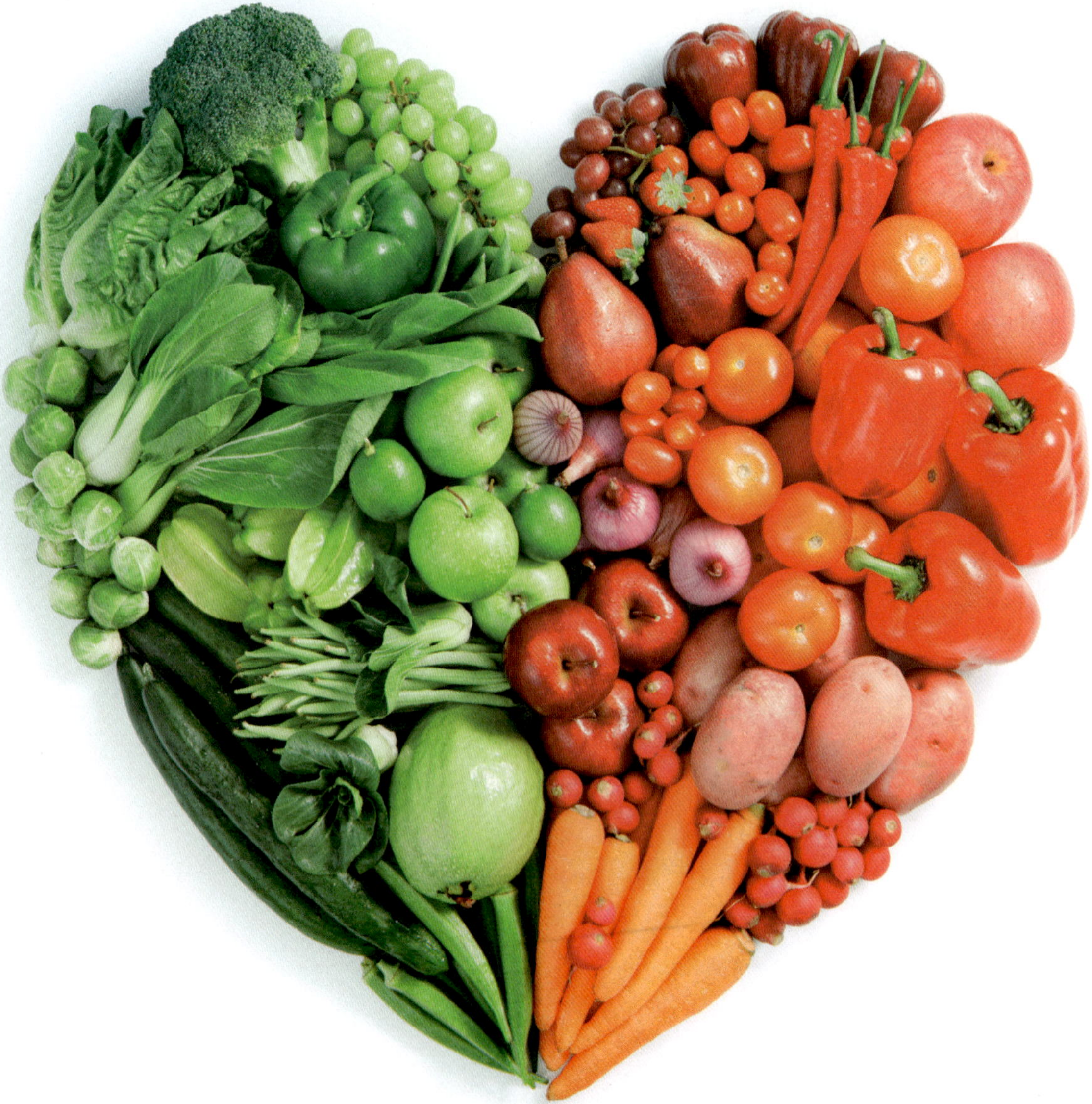

E com isso faz você provar,
repetir e aprender a gostar.

É ele que te dá força quando tudo parece perdido.

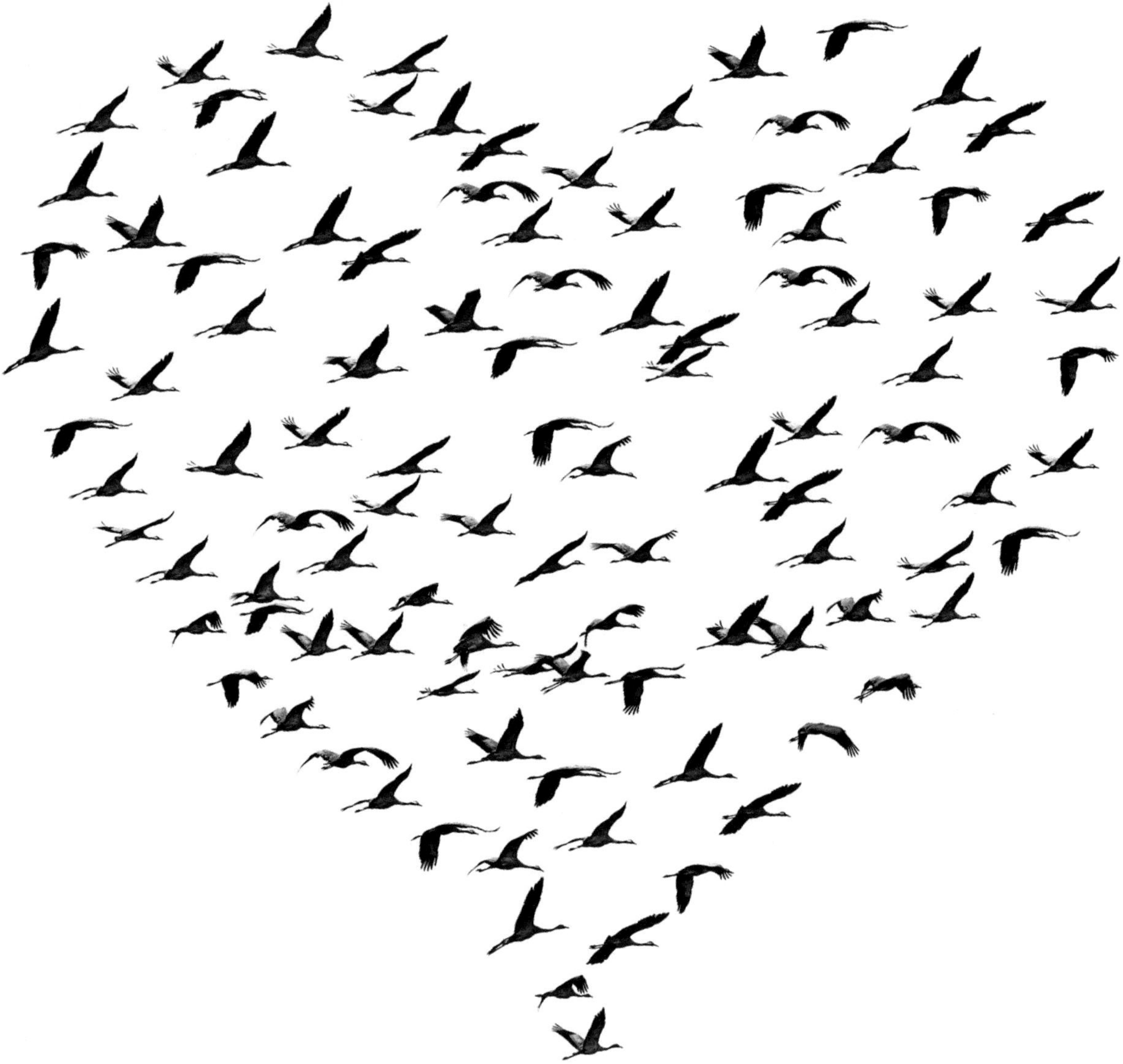

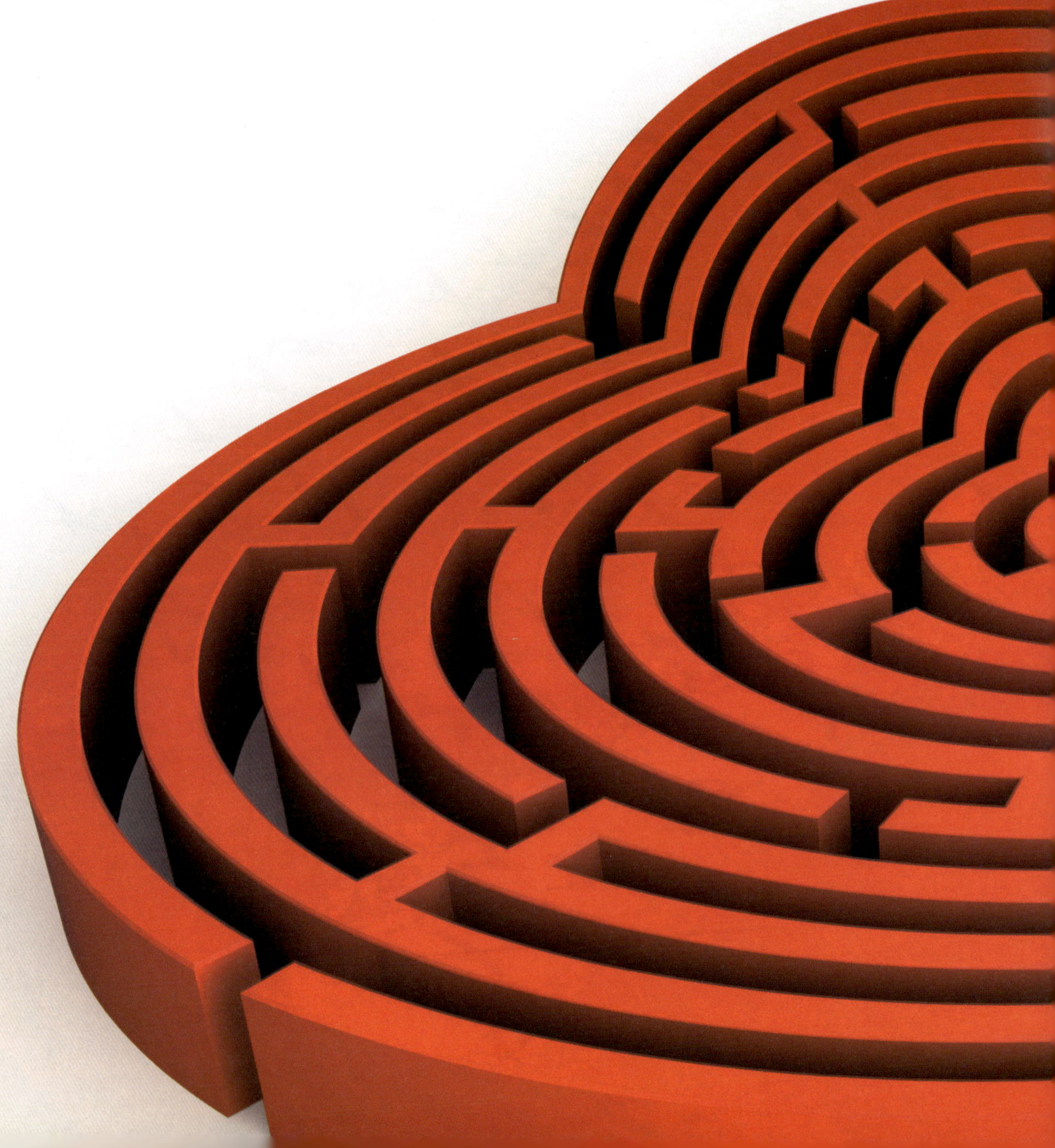

E indica o caminho de volta,
por mais complicado que pareça.

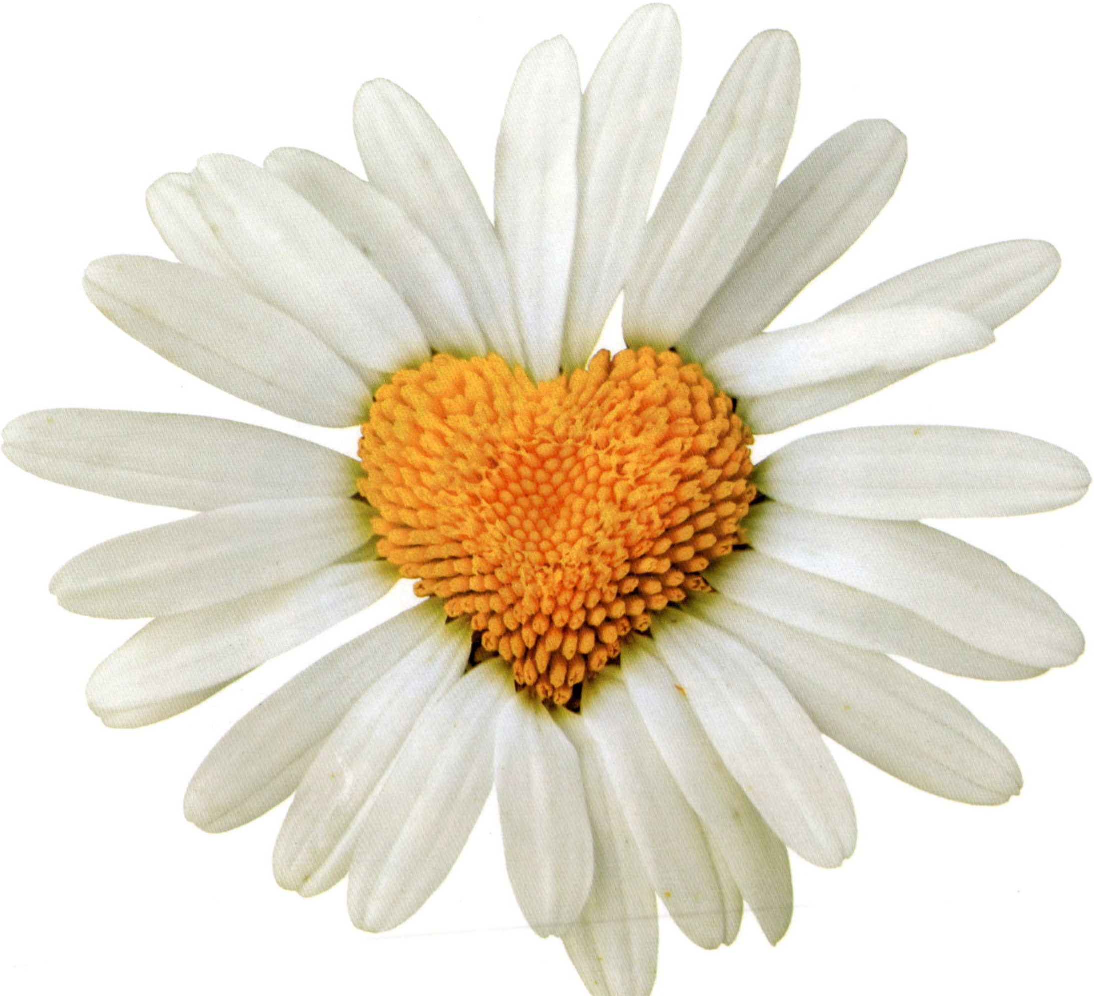

Coração de mãe é só "bem me quer".

*É segurança.*

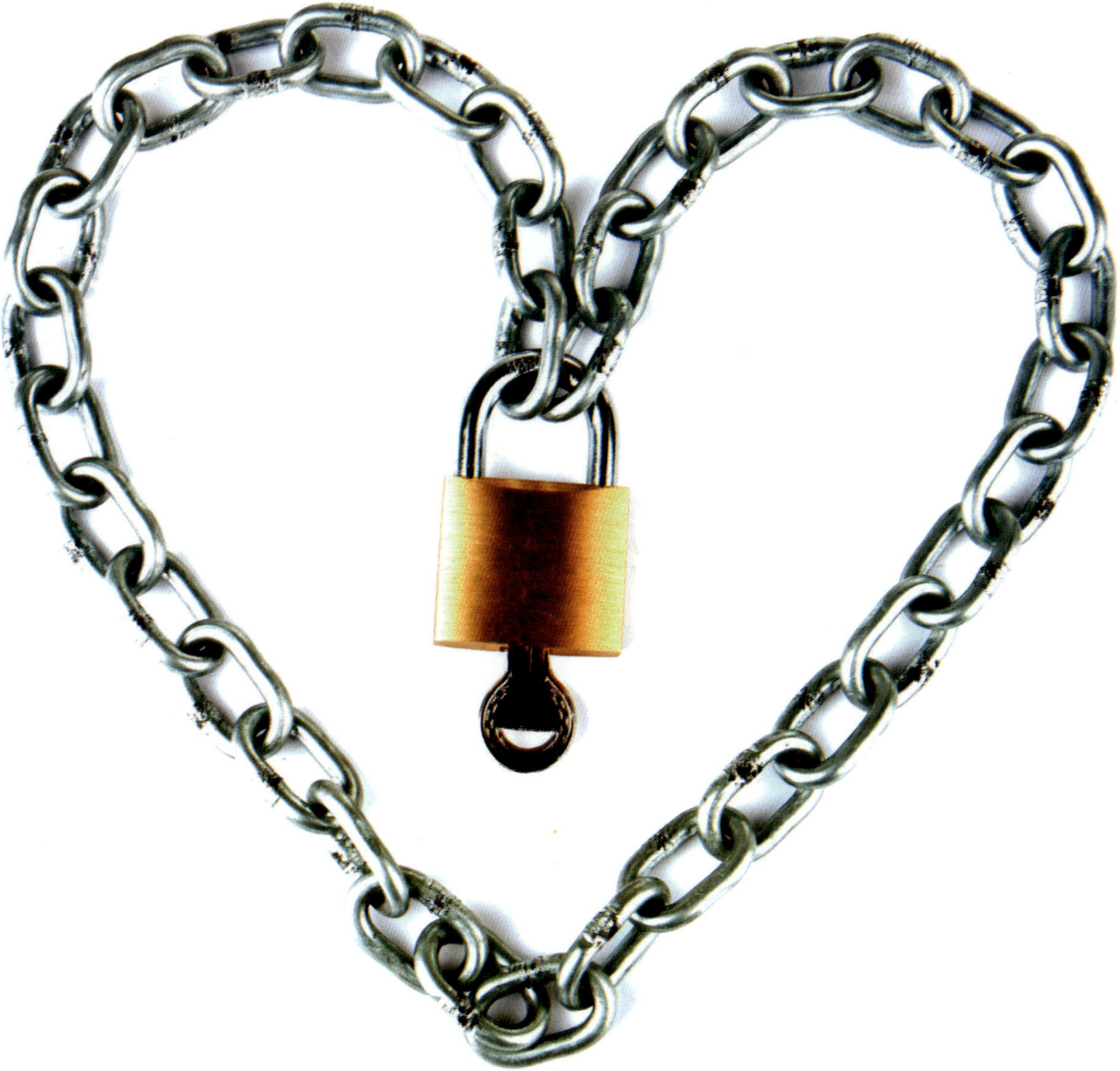

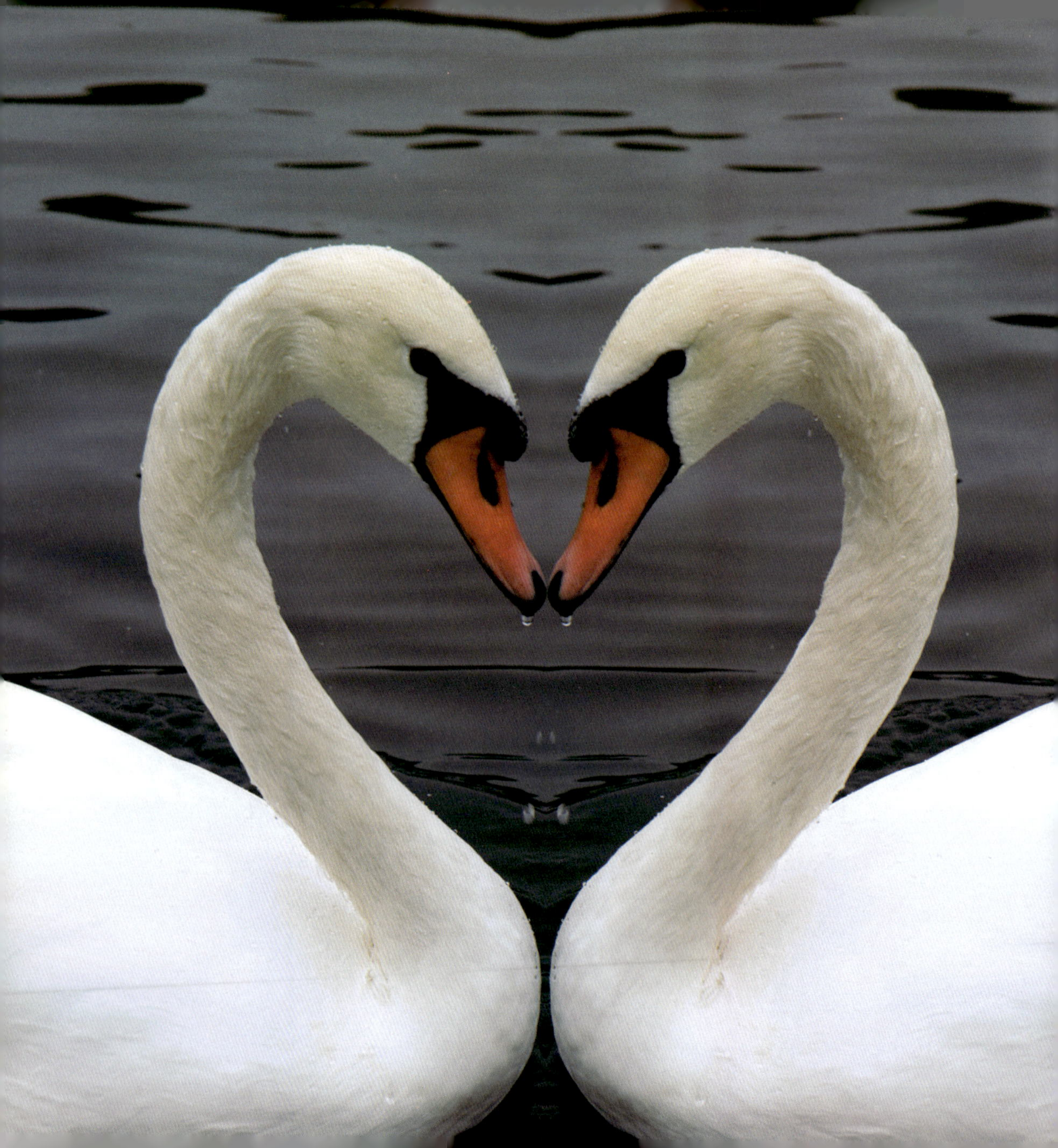

*É compreensão.*

É poesia.

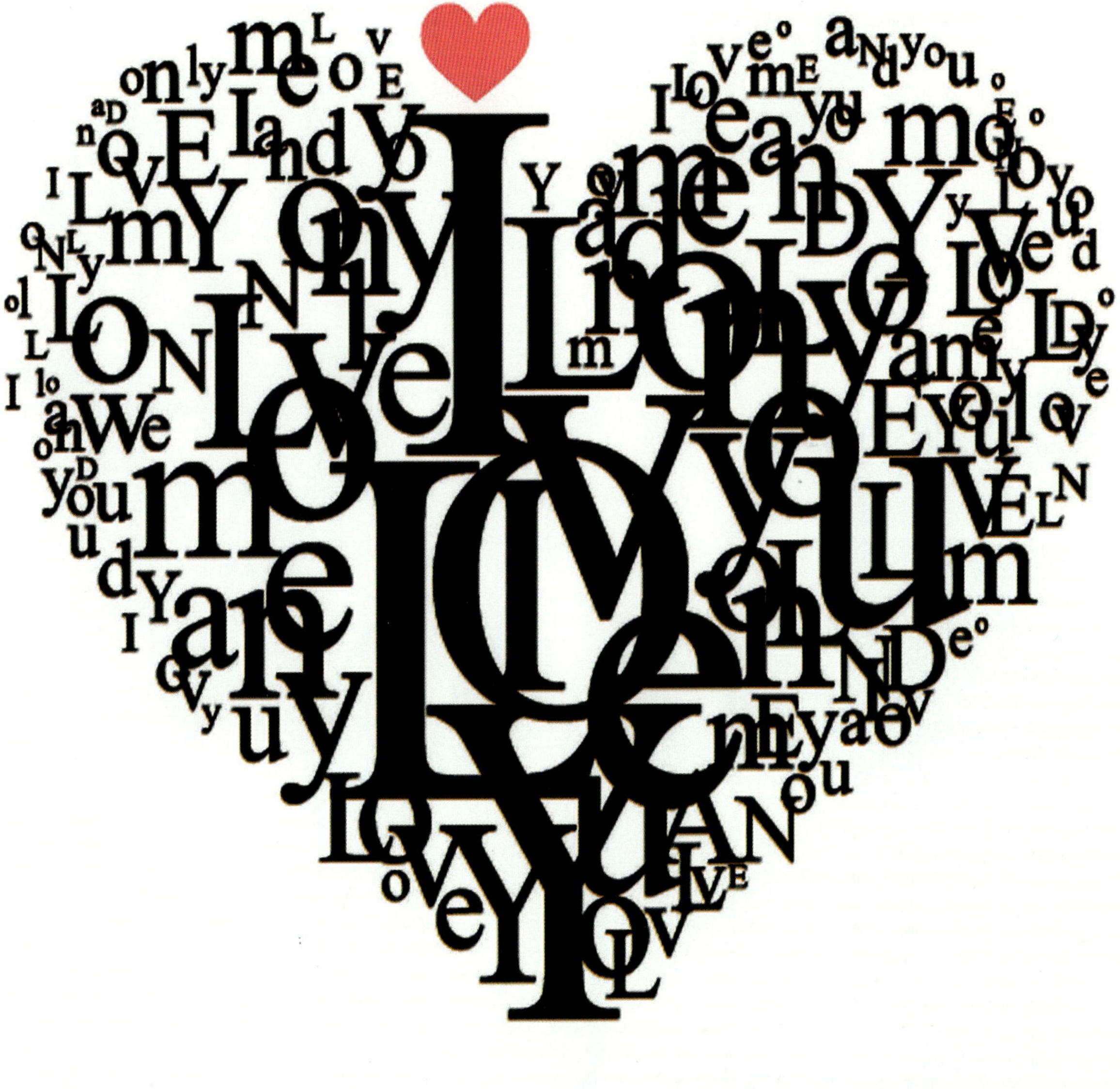

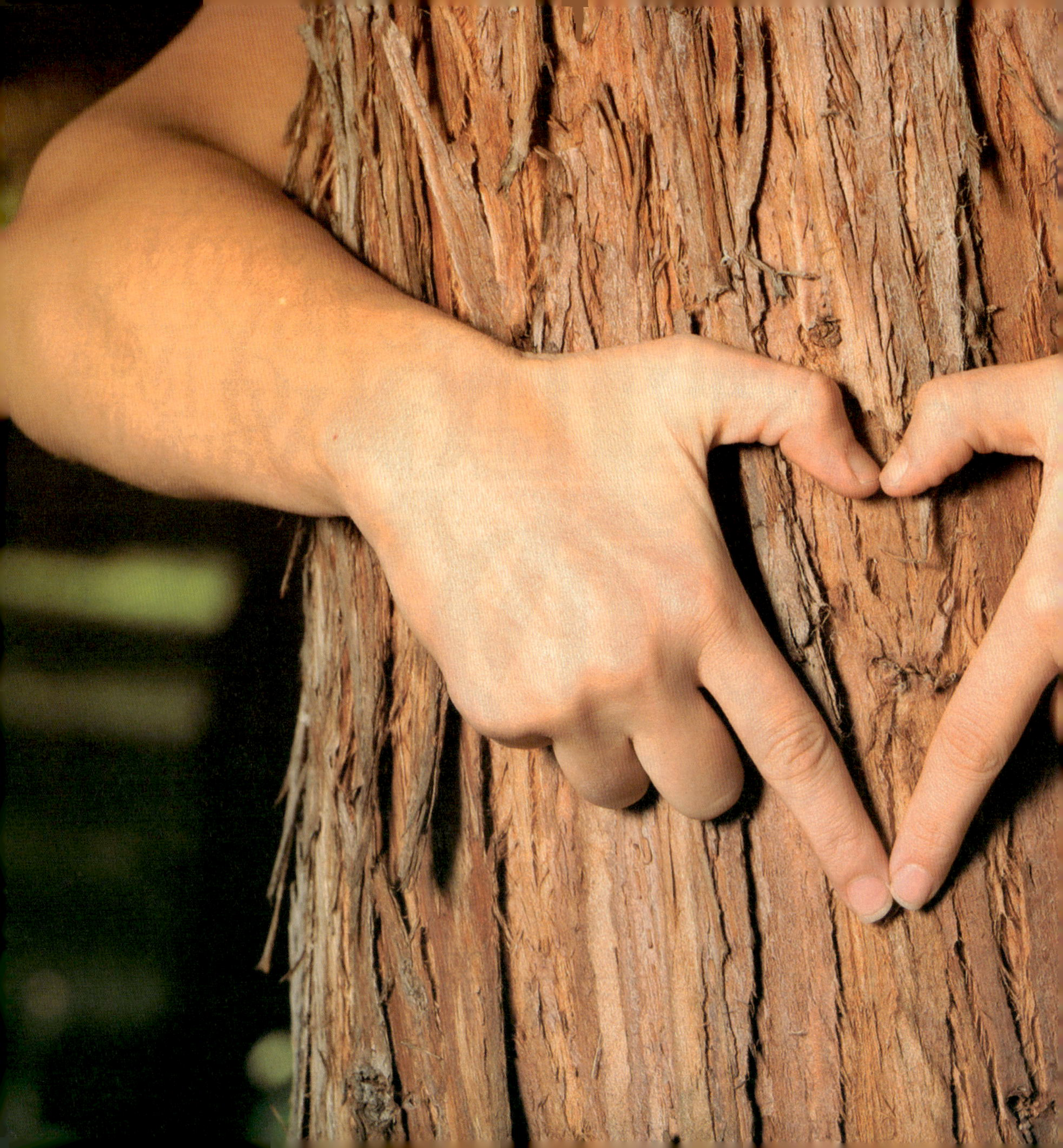

Coração de mãe é paixão que cresce e fica pra sempre.

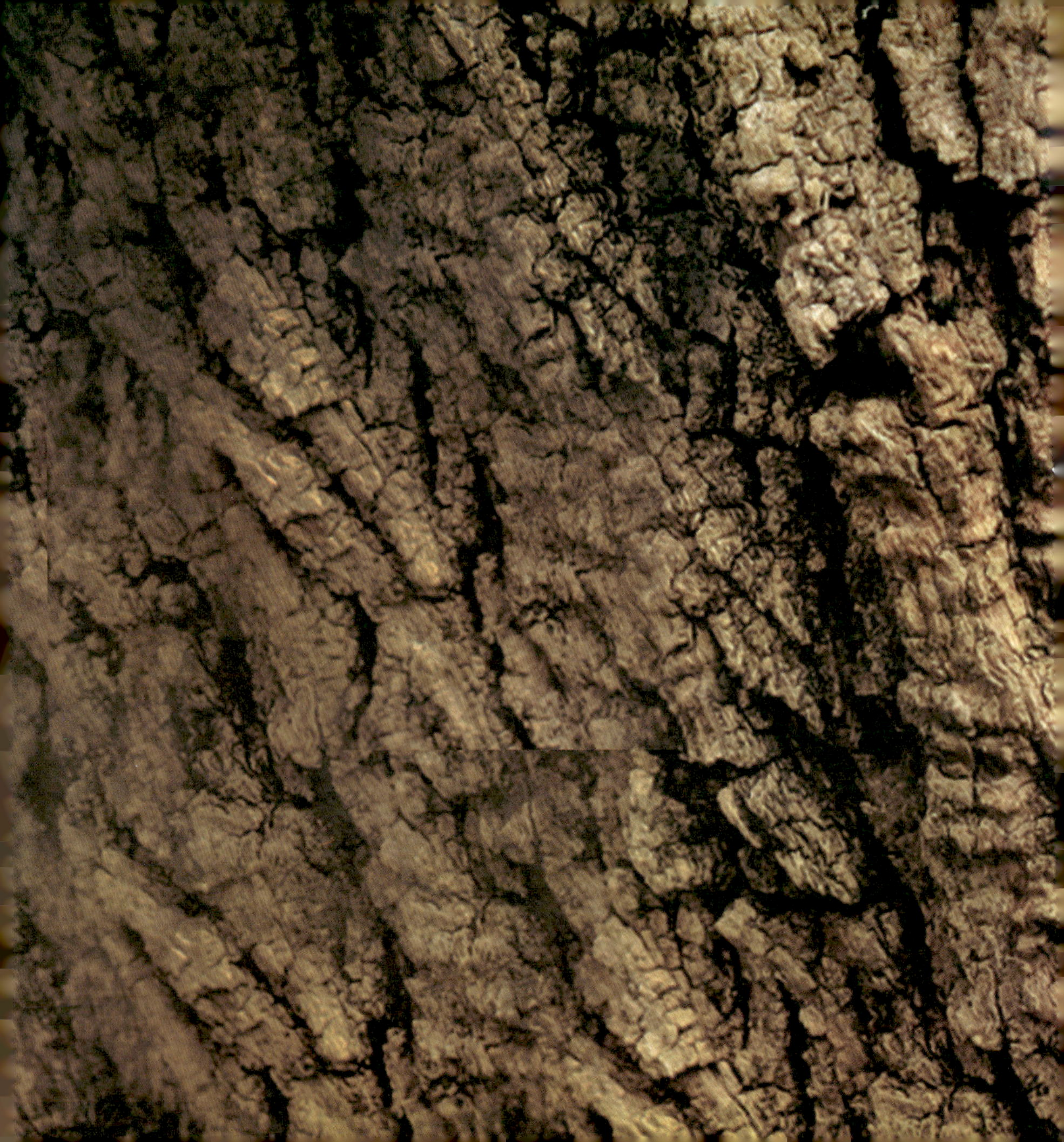

E quando menos você espera
ele abre portas para sua vida.

Coração de mãe está nos
pequenos prazeres fora de hora.

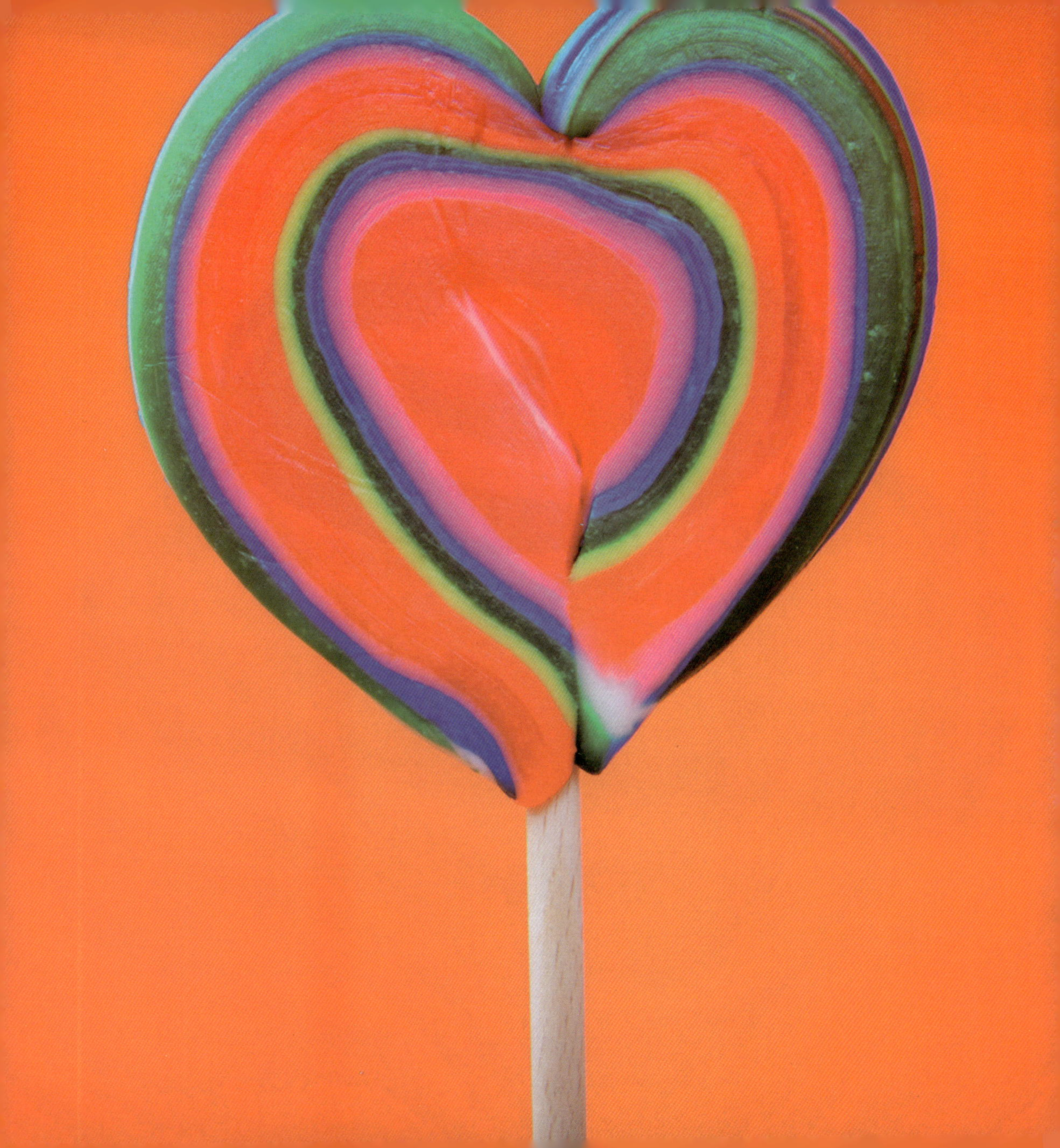

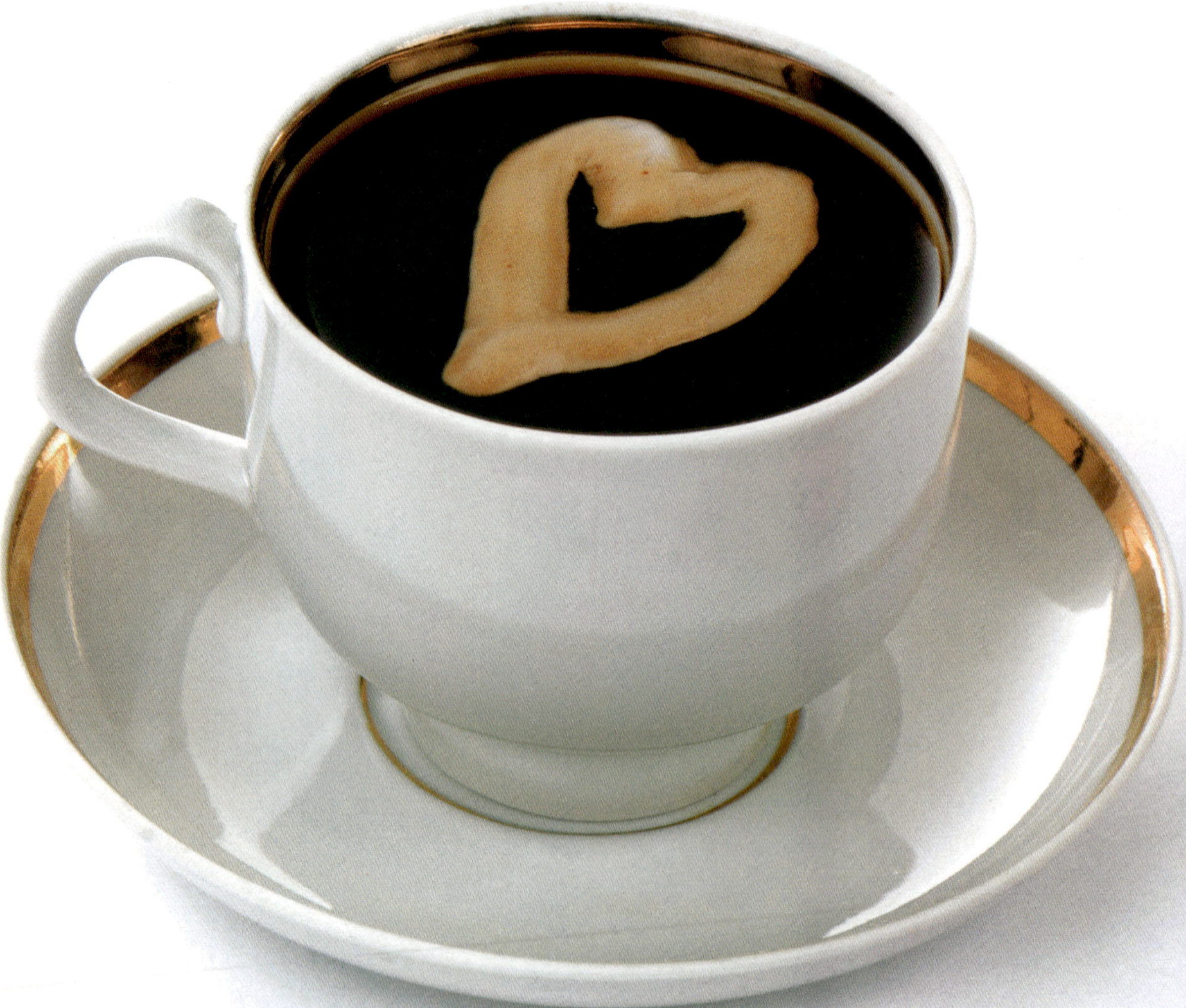

Está na palavra certa que
muda seu dia logo de manhã.

Está no cheirinho daquela comida
que nunca vai sair da sua memória.

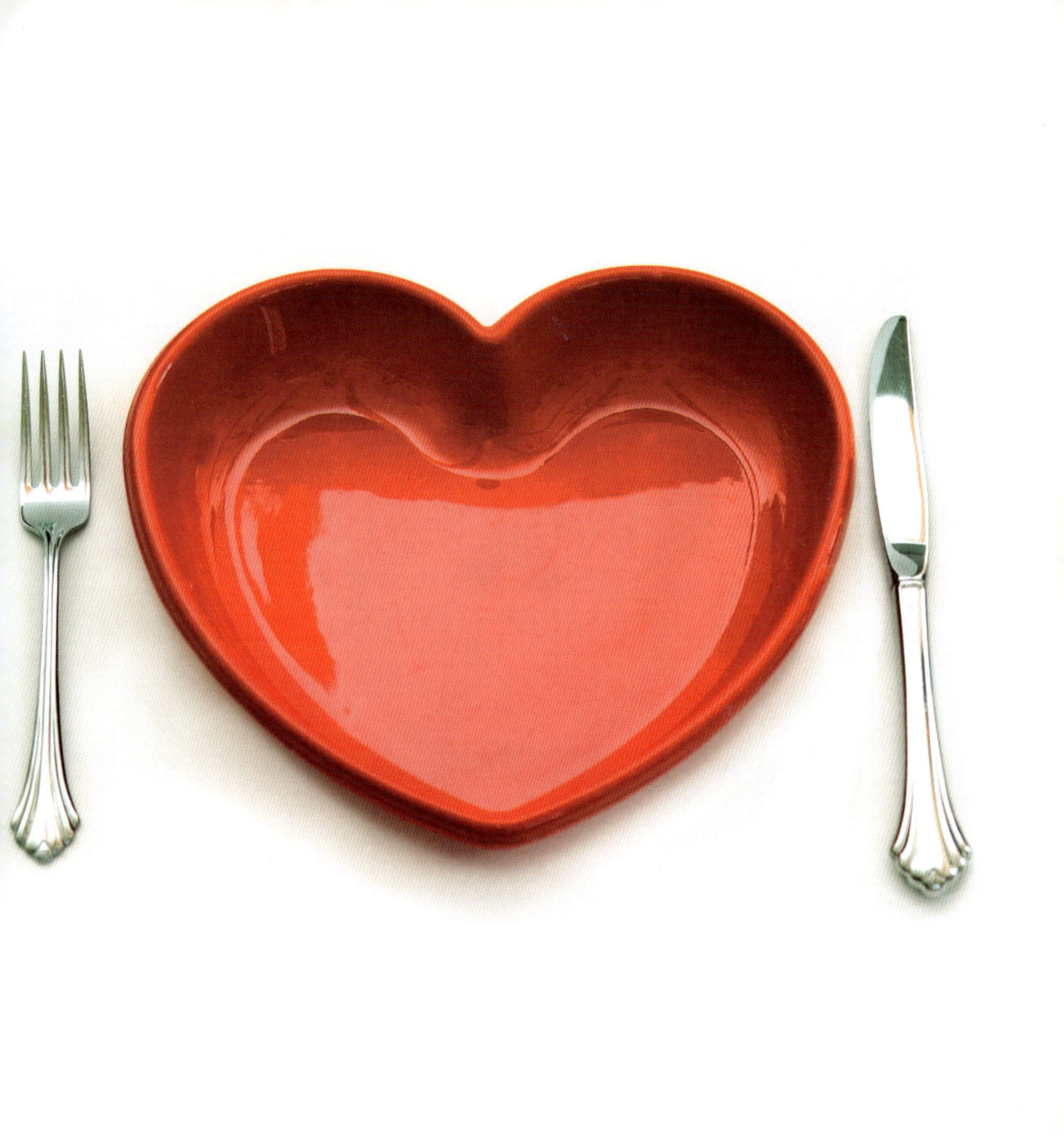

Coração de mãe é carinho por dentro...

...e por fora.

E dá, durante a sua vida, todas as peças para você fazer seu próprio coração.

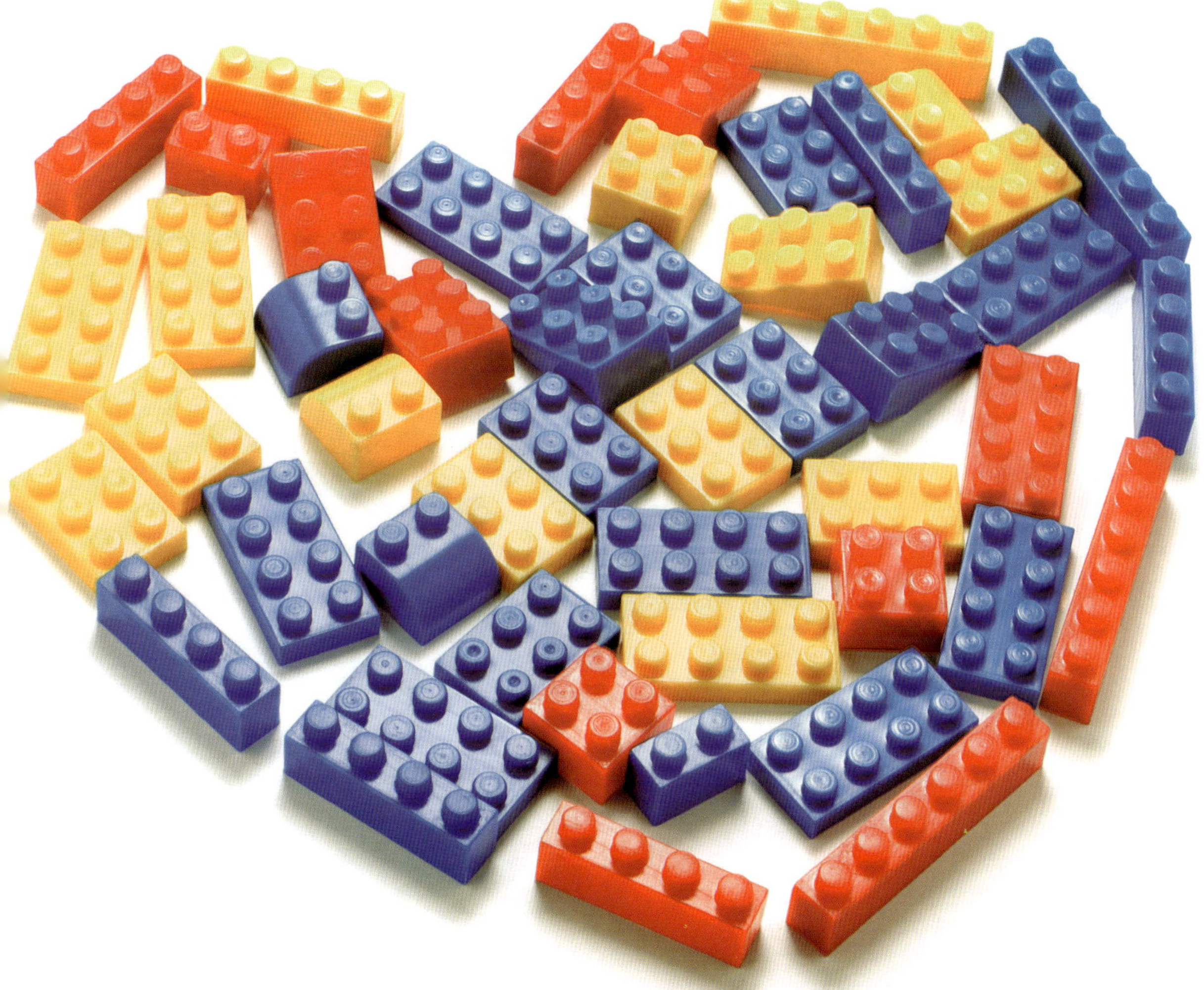

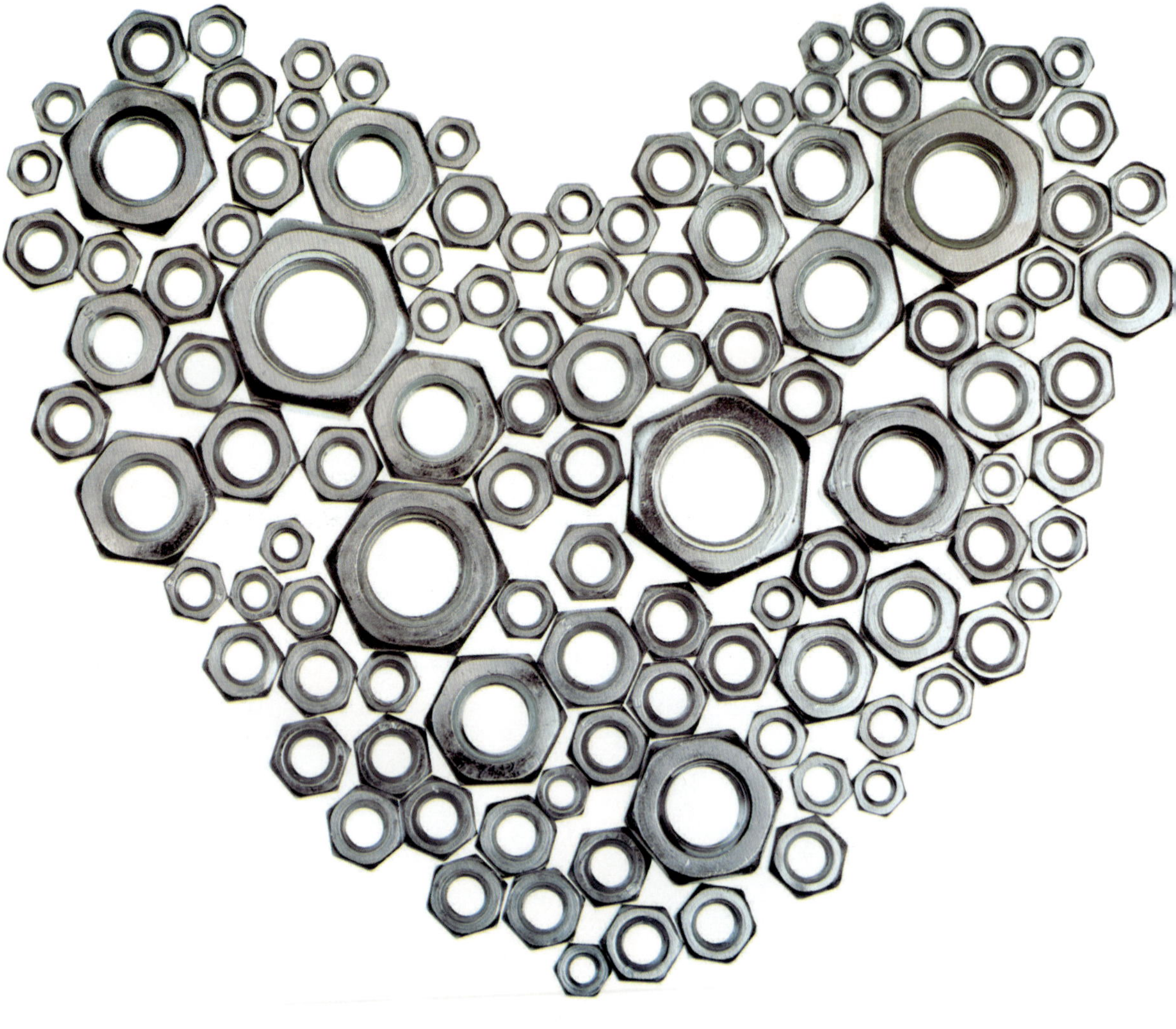

*Tudo bem, um dia você pode perceber que
o seu coração está meio sério, frio e sem graça...*

Nesses dias é só olhar para trás e se lembrar daquele coração que sempre palpitou de alegria por você.

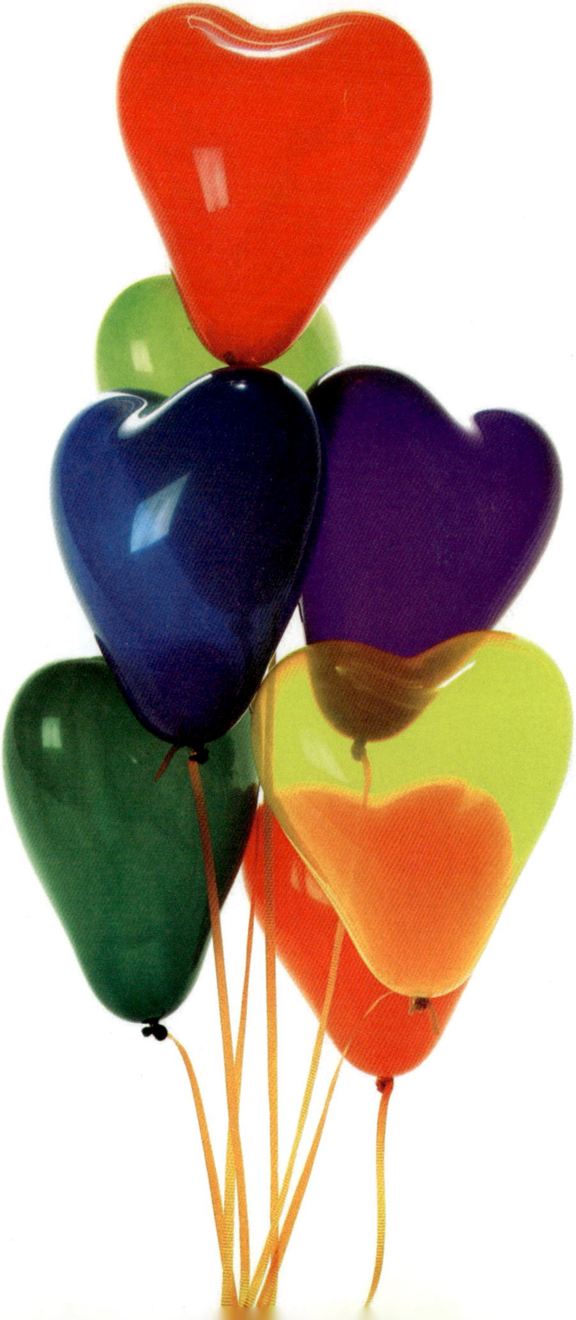

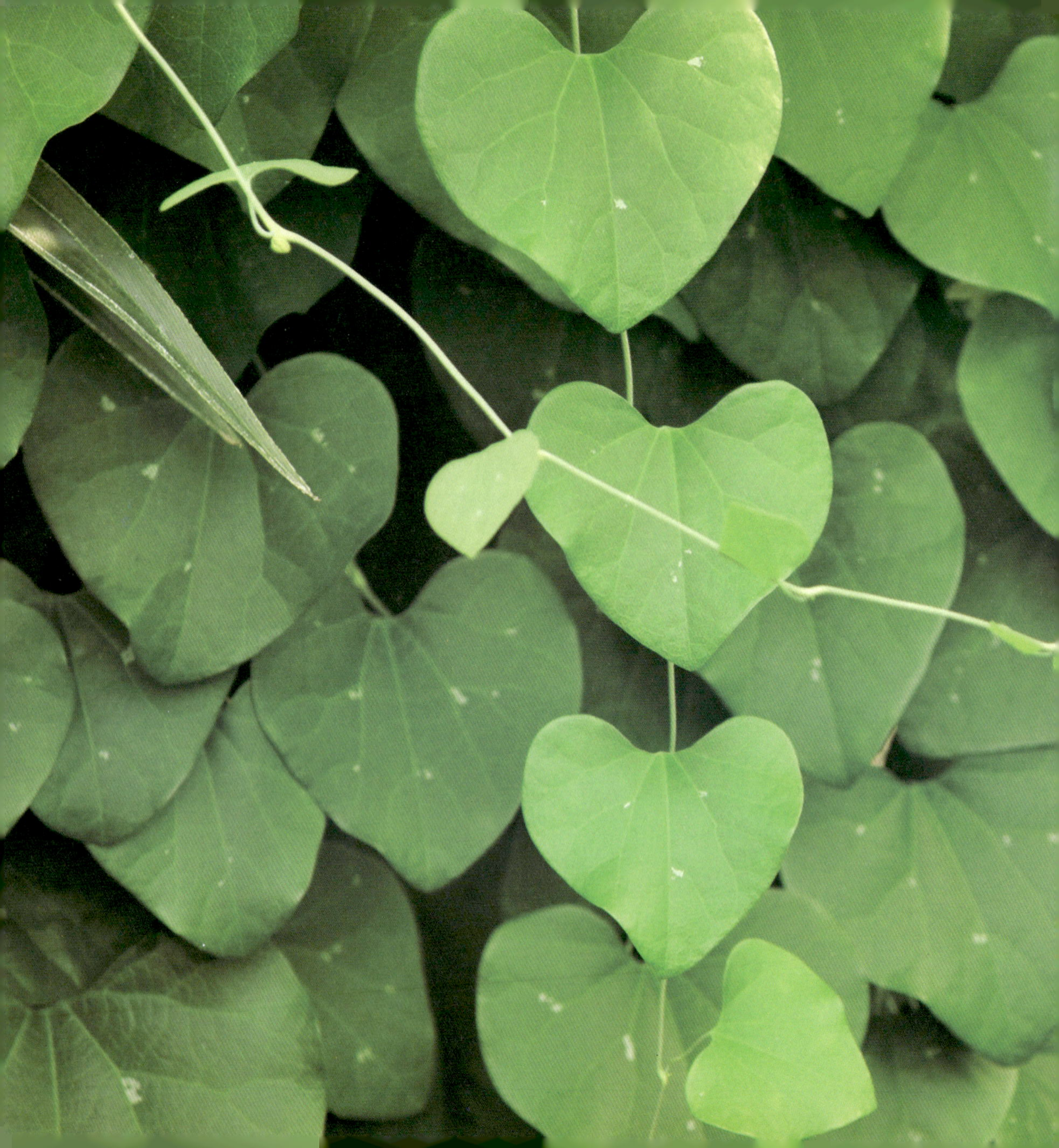

Que sempre foi o maior entre
todos os corações do mundo.

Que não mediu esforços para ver você feliz.

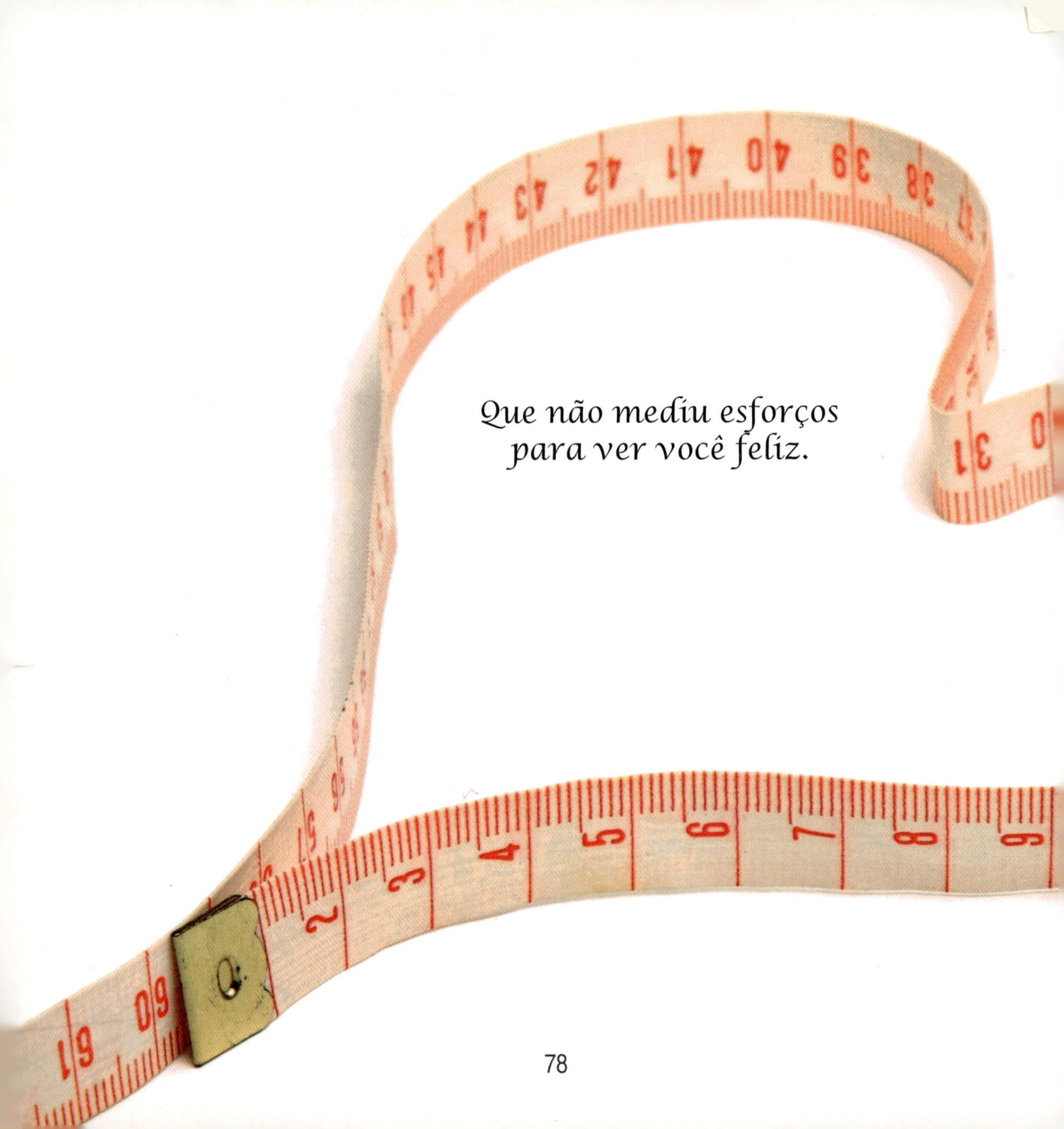

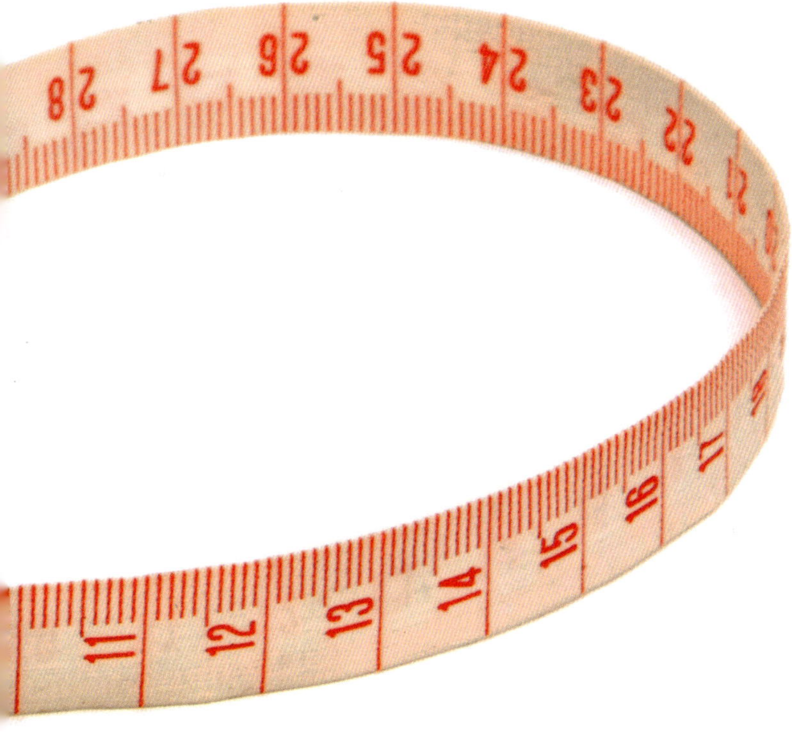
28 27 26 25 24 23 22
11 12 13 14 15 16

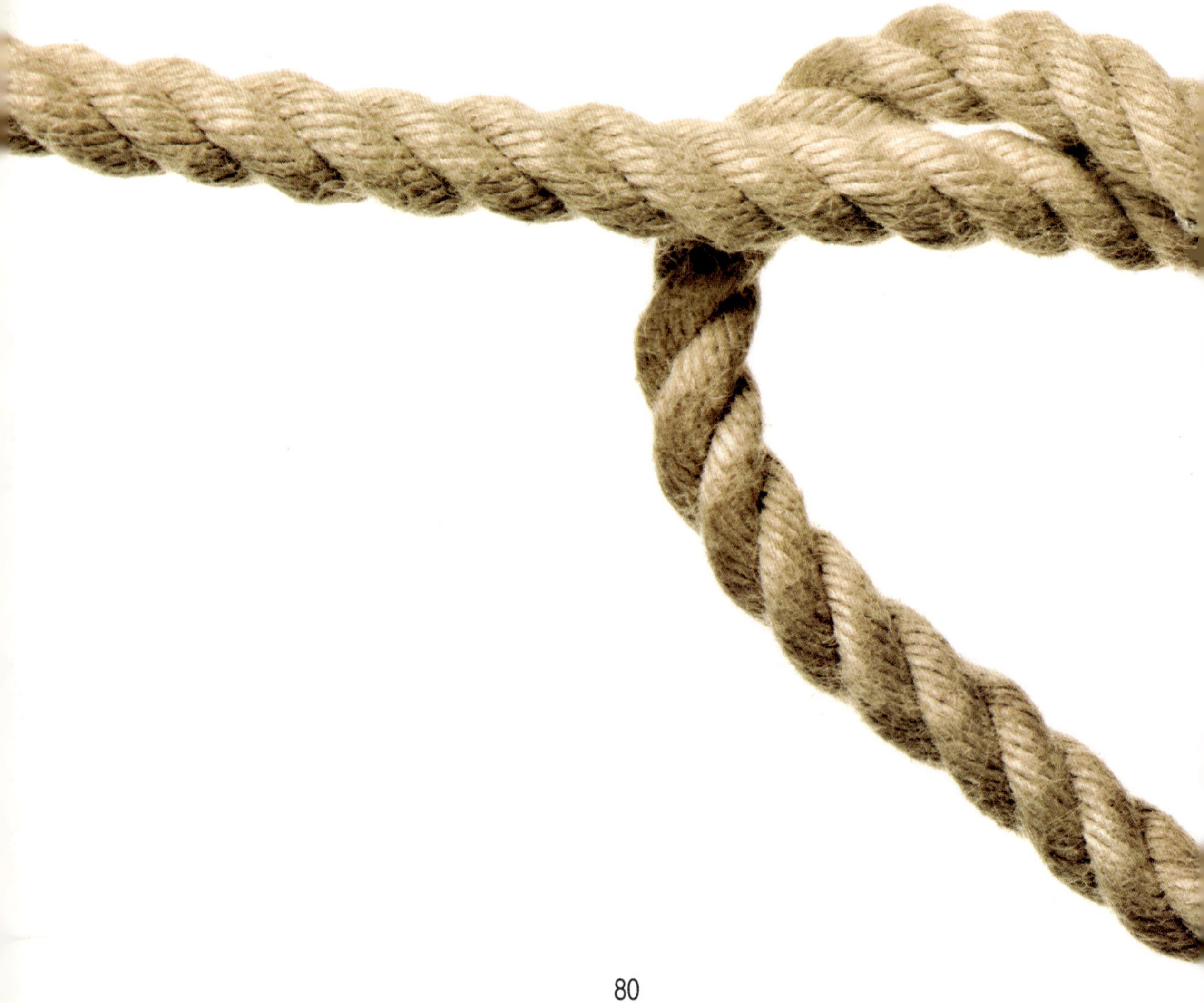

Um coração que está amarrado
ao seu por laços invisíveis.

Aqueles laços que o universo criou.

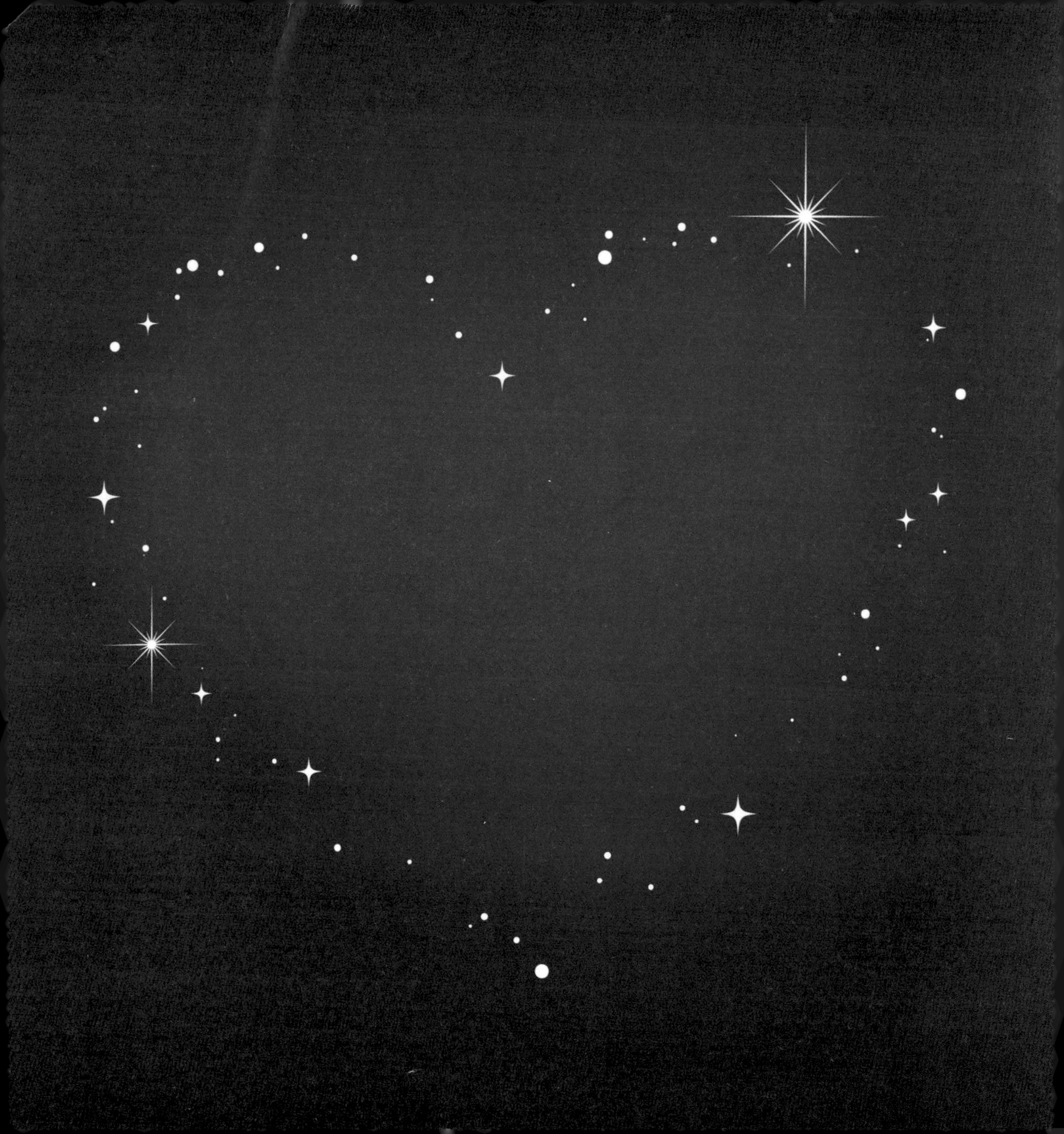

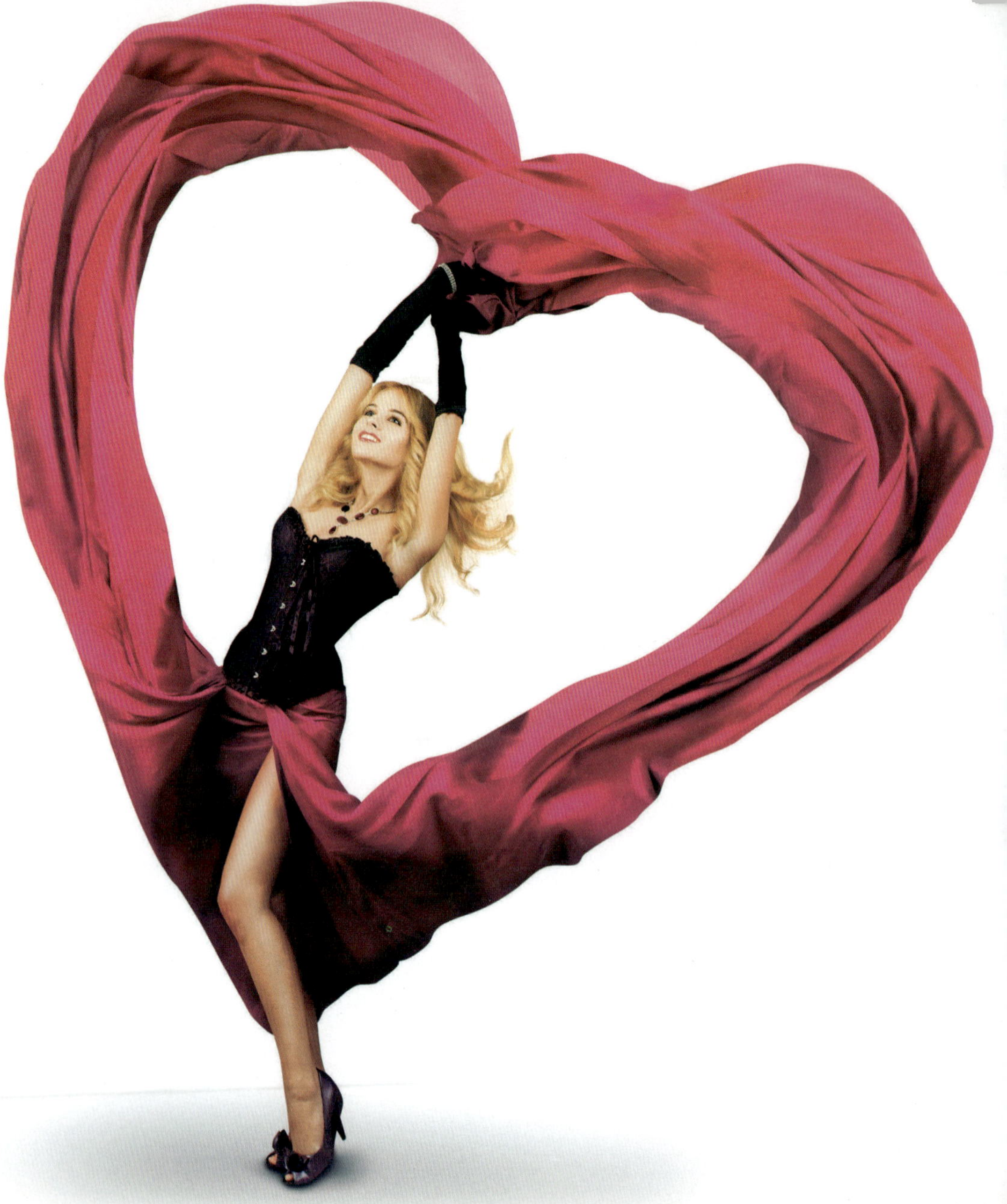

E que agora lhe dá força
para mostrar a quem quiser ver
e para falar a quem quiser ouvir:

Mãe, meu coração é seu.

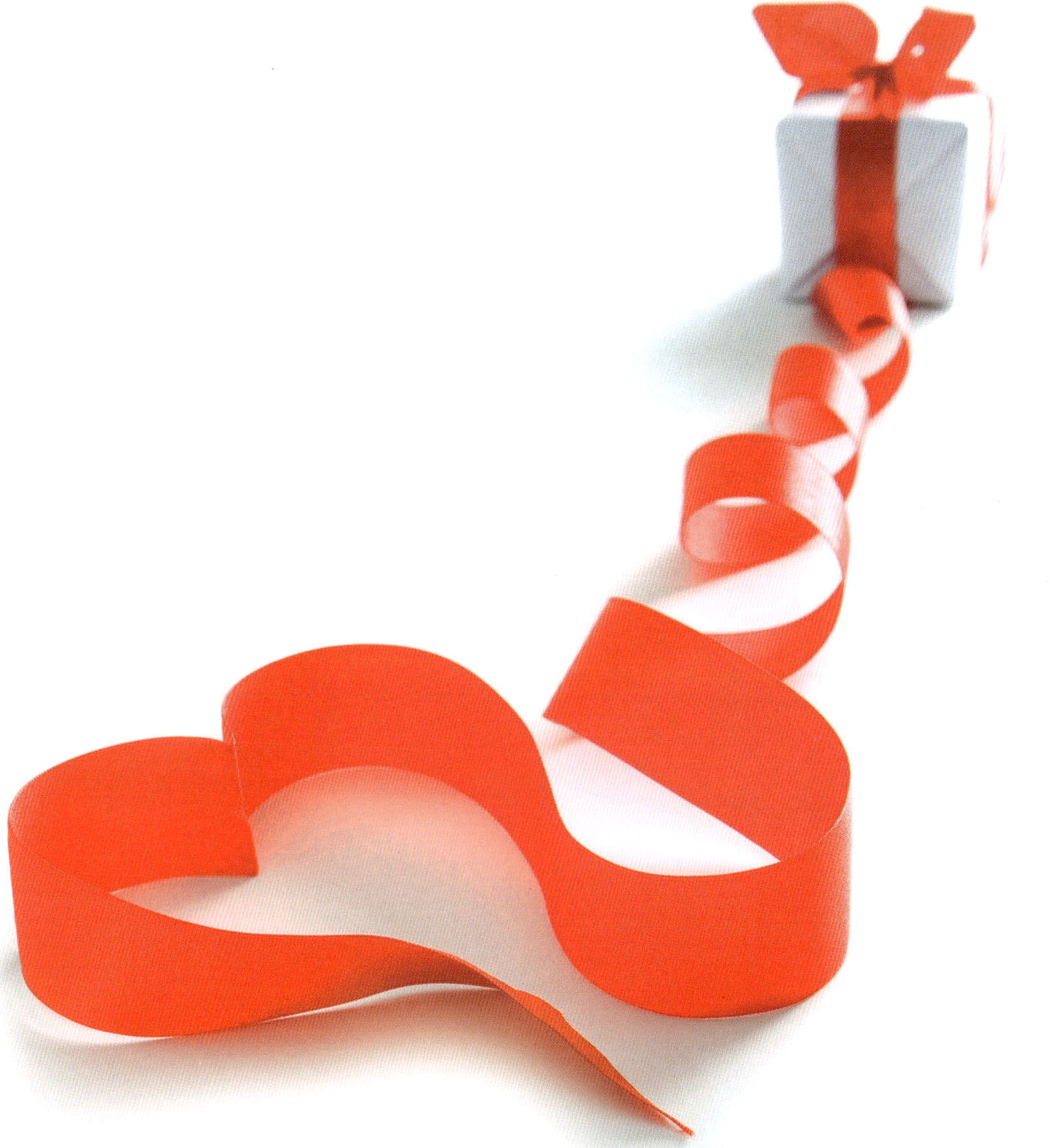

*u*
editoraurbana